Dieses Notizbuch gehört:

....

Schreib mal wieder! – Gerne möchte ich Ihnen heute den einst von der Post genutzten Slogan mit auf den Weg geben. Denn Wissenschaftler haben in mehreren Studien herausgefunden, dass sich durch »expressives Schreiben« das Wohlbefinden steigern lässt. Dafür baten sie Teilnehmer, die gerade ein dramatisches Ereignis erlebt hatten, ihre Gefühle und Gedanken zu diesem in einem Tagebuch festzuhalten – und das jeden Tag, aber immer nur ein paar Minuten [1]. Dabei sollten beispielsweise Personen, die vor kurzem arbeitslos geworden waren, schriftlich ihren Stellenverlust reflektieren und zudem darauf eingehen, welchen Einfluss dieser sowohl auf ihr Privat- wie auch auf ihr Berufsleben hatte [2].

Erstaunlicherweise zeigte sich bei allen Teilnehmern trotz der **Einfachheit und Kürze der Übung** schnell eine bemerkenswerte Steigerung ihres psychischen und physischen Wohlbefindens. Zudem war eine Besserung von gesundheitlichen Problemen und ein zunehmendes Selbstwertgefühl sowie Glücksempfinden zu beobachten. Für die Psychologen stellte sich nun die Frage, warum Schreiben im Gegensatz zum »drüber Sprechen« diesen Erfolg brachte. Zeitgleich hatten sie im Rahmen anderer Versuche nämlich herausgefunden, dass das Reden über negative Ereignisse nahezu wirkungslos war.

Die Erklärung dazu fanden sie in den **unterschiedlichen Vorgängen in unserem Gehirn**. Denken ist aus psychologischer Perspektive etwas ganz anderes als Schreiben, oft etwas unstrukturiert, desorganisiert und teilweise recht chaotisch. In Folge kann Sprechen das Gefühl der Verwirrung sogar noch maximieren. Schreiben dagegen lässt uns unbewusst einen Handlungsfaden schaffen und eine Struktur aufbauen. Dies wiederum hilft dabei, dem Geschehen einen Sinn zu geben und auf eine Lösung hinzuarbeiten.

DENKEN SCHREIBEN

Nachdem das expressive Schreiben sich bei Personen, die ein wirklich großes Unglück erleben mussten, bewährt hatte, wollten die Forscher nun wissen: Lässt sich diese doch einfache Möglichkeit der Steigerung des eigenen Wohlbefindens auch auf das alltägliche Glücksempfinden anwenden? Und die Ergebnisse aus drei verschiedenen, aber miteinander verbundenen Forschungsbereichen belegen, dass dies tatsächlich der Fall ist.

DIE DANKBARKEITSHALTUNG

Beginnen wir bei den Untersuchungen zur Psychologie der Dankbarkeit. Ist ein Mensch konstant einem Ton, einem Bild oder einem Geruch ausgesetzt, gewöhnt er sich schnell und unbewusst an den Reiz. Recht bald nimmt er ihn in der Regel gar nicht mehr wahr. Dazu ein Beispiel: Betreten Sie einen Raum, in dem es nach frischen Brötchen duftet, können Sie das angenehme Aroma sehr intensiv riechen. Bleiben Sie jedoch einige Minuten im Raum, scheint der Duft verschwunden zu sein. Ihre einzige Chance, den Geruchseindruck wieder wachzurufen, besteht im Verlassen und erneutem Betreten des Zimmers.

Dieses Phänomen gilt nahezu für alle Lebensbereiche. Der Mensch ist eben wirklich ein Gewohnheitstier. **Leider ist davon auch unser Glücksempfinden betroffen.** Wir alle besitzen in unserem Leben Dinge, die uns glücklich machen: Einen liebevollen Partner, prächtige Kinder, wunderbare Eltern, enge Freunde, ein Dach über dem Kopf, einen erfüllenden Beruf, Gesundheit, ein interessantes Hobby oder ein spezielles Andenken. Ich bin sicher, Sie könnten an dieser Stelle noch eine Menge Dinge mehr aufführen, wenn Sie einmal bewusst auf Ihr Leben blicken. Und genau dies ist der Knackpunkt. Die Dinge sind da, doch wir haben uns an sie gewöhnt. Genau wie der Duft der frischen Brötchen verschwinden diese wunderbaren Besitztümer aus unserem Bewusstsein und wie das bekannte Sprichwort sagt »Man weiß nicht, was man hat, bis man es verloren hat.« erinnern wir uns oft erst wieder an sie, wenn es zu spät ist.

Die Psychologen Robert Emmons und Michael McCullough haben sich dieses Phänomens angenommen und die Frage gestellt: Was passiert mit dem Niveau des Glücksempfindens von Menschen, wenn sie bewusst das begriffliche Äquivalent ausführen; sich also **bewusst an die schönen Dinge ihres Lebens erinnern,** die immer da, aber selten präsent sind [3].

Dafür teilten sie die Probanden in drei Gruppen ein und baten sie, jede Woche ein bisschen Zeit dem Schreiben zu widmen. Dabei sollte die erste Gruppe fünf Dinge aufzählen, für die sie dankbar waren. Die Teilnehmer in der zweiten Gruppe schrieben auf, was ihnen auf die Nerven ging, und die der dritten Gruppe notierten kurz, was sie in der letzten Wochen erlebt hatten. Jeder von ihnen kritzelte folgend darauf los. In der »Dankbarkeitsgruppe« kamen dabei Aufzeichnungen zusammen, die vom Erlebnis eines Sonnenuntergangs an einem Sommertag bis zum Edelmut von Freunden reichten. Die »Ärgergruppe« berichtete von den Streitereien mit den Kindern, dem Stress mit den Steuern oder dem kaputten Fernseher. Und die »Ereignisgruppe« erzählte ausführlich von den Frühstücksvorbereitungen oder der Fahrt zur Arbeit.

Die Ergebnisse waren verblüffend. Denn ohne dass die Probanden andere Dinge in ihrem Leben veränderten, waren die Danke-Sagenden

»Es geht nicht darum, dem Leben mehr zu geben, sondern darum, den Tagen mehr Leben zu geben.«

Zitat aus »Glückskinder« von Hermann Scherer

am Ende glücklicher und blickten optimistischer in die Zukunft. Zudem bewegten sie sich mehr und waren körperlich viel agiler als vor dem Start des Experiments.

PHANTASTISCHE ZUKUNFT

Schriftlich seine Dankbarkeit festzuhalten ist jedoch nur eine Möglichkeit, ein stetig wachsendes Glücksgefühl zu erlangen. Allgemein steht bei den Forschungen die Vorstellung im Mittelpunkt, durch Schreiben Kontakt zu seinem inneren, vollkommenen Selbst herzustellen. Dazu führte Laura King an der Southern Methodist University eine andere, ebenfalls erstaunliche Untersuchung durch [4]. Sie bat die Teilnehmer ihrer Studie darum, an vier aufeinanderfolgenden Tagen jeweils einige Minuten ihre ideale Zukunft niederzuschreiben. Diese sollte aber realistisch und für den jeweiligen Probanden umsetzbar sein. »Kaiser von China« sollte also nicht in den Notizen auftauchen. Zeitgleich stellte sich eine Kontrollgruppe dramatische Ereignisse vor oder schrieb negative Tageserlebnisse auf.

Und auch hier zeigte sich der Effekt, dass diejenigen, die ihre bestmögliche Zukunft beschrieben hatten, **final um einiges glücklicher und zufriedener waren als die anderen Gruppenteilnehmer.** Eine Folgestudie, die unter geänderten Rahmenfaktoren durchgeführt wurde, bestätigte später Kings Forschungsergebnisse.

Eine weitere Studie legte seinen Schwerpunkt auf die Wirkung des »liebevollen Schreibens«. Außer Frage steht und wissenschaftlich bewiesen ist, dass Liebesbeziehungen gut für die körperliche und geistige Gesundheit sind. Die Frage, die sich dazu stellt ist: Sind diese positiven Effekte das Ergebnis davon, dass man Liebe empfängt oder Liebe ausdrückt? Oder vielleicht sogar von beidem?

Um dies herauszufinden, baten Kory Floyd von der Arizona State University und seine Kollegen einige Freiwillige, intensiv an jemanden zu denken, den sie liebten [5]. Danach sollten sie 20 Minuten lang aufschreiben, warum diese Person ihnen soviel bedeutet. Eine Kontrollgruppe wurde zeitgleich dazu aufgefordert, die Erlebnisse ihrer letzten Woche zu notieren.

Jede Gruppe wiederholte ihre Schreibübungen im Verlauf von fünf Wochen dreimal. Danach zeigte sich erneut, der erstaunliche Effekt des Niederschreibens. Denn die liebevoll Schreibenden steigerten ihr Glücksempfinden deutlich, fühlten sich weniger gestresst und sogar eine bedeutende Abnahme des Cholesterinspiegels konnte verzeichnen werden [6].

LEGEN SIE LOS

Zusammenfassend lässt sich sagen, dass Sie mit wenigen niedergeschriebenen Worten ihr Glücksgefühl deutlich steigern können.

Der **Ausdruck von Dankbarkeit**, das **Nachdenken über eine vollkommene Zukunft** und das **gefühlvolle Schreiben** haben ihre Wirkung wissenschaftlich unter Beweis gestellt und alles was Sie dazu brauchen, ist ein Stift und ein paar Augenblicke Zeit.

Um ihnen den Start in ein (noch) glücklicheres Leben zu erleichtern, habe ich Ihnen dieses kleine Notizbuch zusammengestellt. Sie können es nutzen, um über Themen zu schreiben, mit deren Hilfe Sie sich eine zufriedenere Zukunft schaffen und um Danke zu sagen.

Schreiben Sie täglich oder wann immer Sie möchten – mein Vorschlag bezieht sich auf fünf Tage und bedarf immer nur weniger Minuten.

Laut wissenschaftlicher Studien sollte der erste Erfolg schon nach einer Woche spürbar sein. Ihre Stimmung wird sich positiv verändern; und das monatelang. Und wenn Sie das Gefühl haben, dass die Wirkung nachlässt, dann schreiben Sie einfach wieder weiter oder hören gar nie auf.

---

(1) The Writing Cure. How Expressive Writing Promotes Health and Emotional Well-Being. Lepore, S. J. & Smyth, J. M. (Hg.) (2002). Washington: American Psychological Association

(2) Expressive writing and coping with job loss. Spera, S. P., Buhrfeind, E. D. & Pennebaker, J. W. (1994). Academy of Management Journal, 3, 722-733.

(3) Counting Blessings Versus Burdens: An Experimental Investigation of Gratitude and Subjective Well-Being in Daily Life. Emmons, R. A. & McCullough, M. E. (2003). Journal of Personality and Social Psychology, 84, 377-389.

(4) The health benefits of writing about life goals. Personality and Social Psychology Bulletin, King, L. A. (2001). 27, 798-807

(5) The health benefits of writing about intensely positive experiences. Burton, C. M. & King, L. A. (2004). Journal of Research in Personality, 38, 150-163.

(6) Affectionate Writing Reduces Total Cholesterol: Two Randomized, Controlled Trials. Floyd, K., Mikkelson, A. C., Hesse, C. & Pauley, P.M. (2007). Human Communication Research, 33, 119-142.

EIN WOCHEN

VORSCHLAG

DANKE SAGEN

Es gibt viele Dinge in Ihrem Leben, für die Sie dankbar sein können: Enge Freunde, eine traumhafte Beziehung, eine wunderbare Familie. Sie haben vielleicht einen erfüllenden Beruf, ein aufregendes Hobby oder leben an dem Ort, der für Sie Heimat ist. Sie sind gesund und haben genug zu essen.

Und auch die kleinen Dinge des Lebens machen einen Tag zu einem besonderen: eine gute Tasse Kaffee am Morgen, das Lächeln einer fremden Person, die Umarmung Ihres Kindes oder Ihr Hund hat sie freudig begrüßt. Erinnern Sie sich an schöne Momente in Ihrem Leben: eine bestandene Prüfung, die Geburt Ihrer Kinder, die erste eigene Wohnung.

Denken Sie an die letzte Woche zurück und notieren Sie drei dieser schönen Dinge.

DANKE SAGEN

DIENSTAG

EINZIGARTIGE ZEITEN

Denken Sie an eines der schönsten Erlebnisse in Ihrem Leben! Waren Sie vielleicht in einem Augenblick absolut zufrieden!? Waren Sie verliebt, haben ein phantastisches Musikstück gehört oder eine unglaubliche Vorführung erlebt!? Haben sie vor Glück weinen müssen!?

Wählen Sie das schönste Erlebnis aus und erinnern Sie sich daran, was Sie in diesem Augenblick gefühlt, gespürt, erlebt haben. Was passierte um Sie herum!? Schreiben Sie nun kurz all' dies auf und kümmern Sie sich dabei nicht um Rechtschreibung, Zeichensätze oder neue Grammatik, bringen Sie einfach Ihre Gedanken zu Papier.

EINZIGARTIGE ZEITEN

PHANTASTISCHE ZUKUNFT

Halten Sie schriftlich Ihre Zukunft fest. Seien Sie dabei realistisch, gehen Sie aber gleichzeitig davon aus, dass alles wirklich gut geklappt hat und ihnen das berühmte Schicksal hold war. Um ihr Ziel zu erreichen, mussten Sie hart arbeiten, aber es hat sich gelohnt. Sie sind zu der Person geworden, die Sie immer sein wollten und sowohl Ihr Privat- wie auch Ihr Berufsleben fühlen sich wie ein wahrgewordener Traum an.

(Diese Übung bedeutet nicht, dass nun alles, was Sie niederschreiben, auf jeden Fall hundertprozentig eintritt. Aber Ihre Vorstellung hilft – und das ist wissenschaftlich bewiesen – dabei, dass Sie sich wohler fühlen und lächeln müssen.

PHANTASTISCHE ZUKUNFT

LIEBE/R ...

Denken Sie an eine Person in Ihrem Leben, die für Sie sehr wichtig ist. Dies kann Ihr Partner sein, ein Familienangehöriger, ihr Kind, ein enger Freund oder ein Kollege. Stellen Sie sich vor, dass Sie eine einzige Gelegenheit haben, dieser Person zu sagen, welche grosse Rolle sie in Ihrem Leben spielt. Schreiben Sie jetzt einen kurzen Brief an diesen Menschen und halten Sie fest, was Ihre Beziehung so besonders macht und warum er einen so hohen Stellenwert in Ihrem Leben hat.

LIEBE/R ...

RÜCKSCHAU HALTEN

Blicken Sie heute auf die letzten fünf Tage zurück und schreiben Sie die drei Dinge auf, die wirklich gut für Sie gelaufen sind. Dies können ganz triviale Dinge sein, wie einen Parkplatz gefunden oder den Bus noch erwischt zu haben oder aber Lebens veränderte Dinge, wie ein neuer Job, eine neue Wohnung, ein aussichtsreiches Date. Notieren Sie jedes Ereignis und ergänzen Sie, warum Sie meinen, dass diese Sache so erfolgreich war.

RÜCKSCHAU HALTEN

> »Der Impuls des Herzens ist **der Wille.** All das andere ist *schlichtweg*

Angst.

»Zugegeben, das ist nicht leicht zu unterscheiden.«

Zitat aus »Glückskinder« von Hermann Scherer

MIND MAP

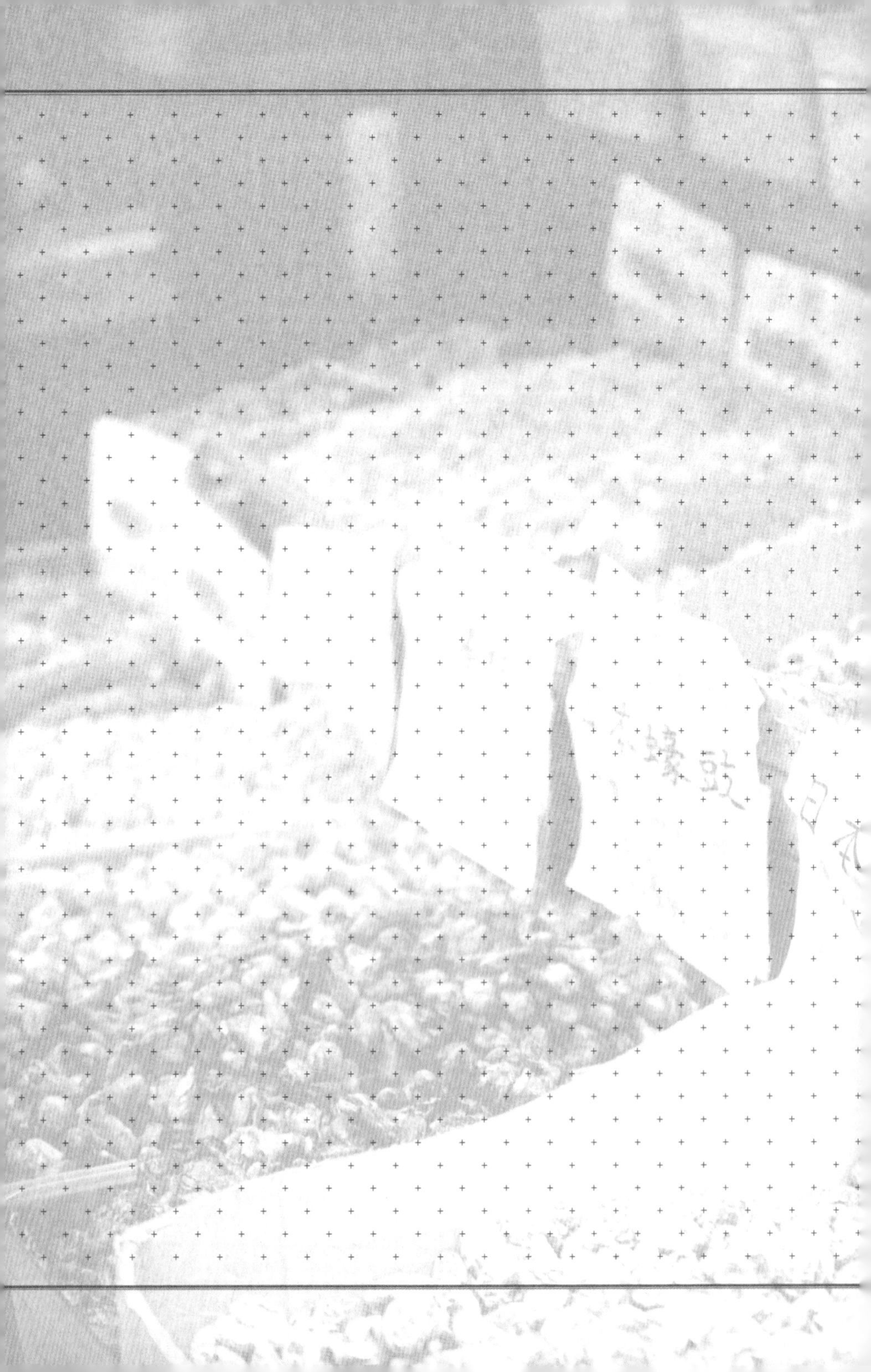

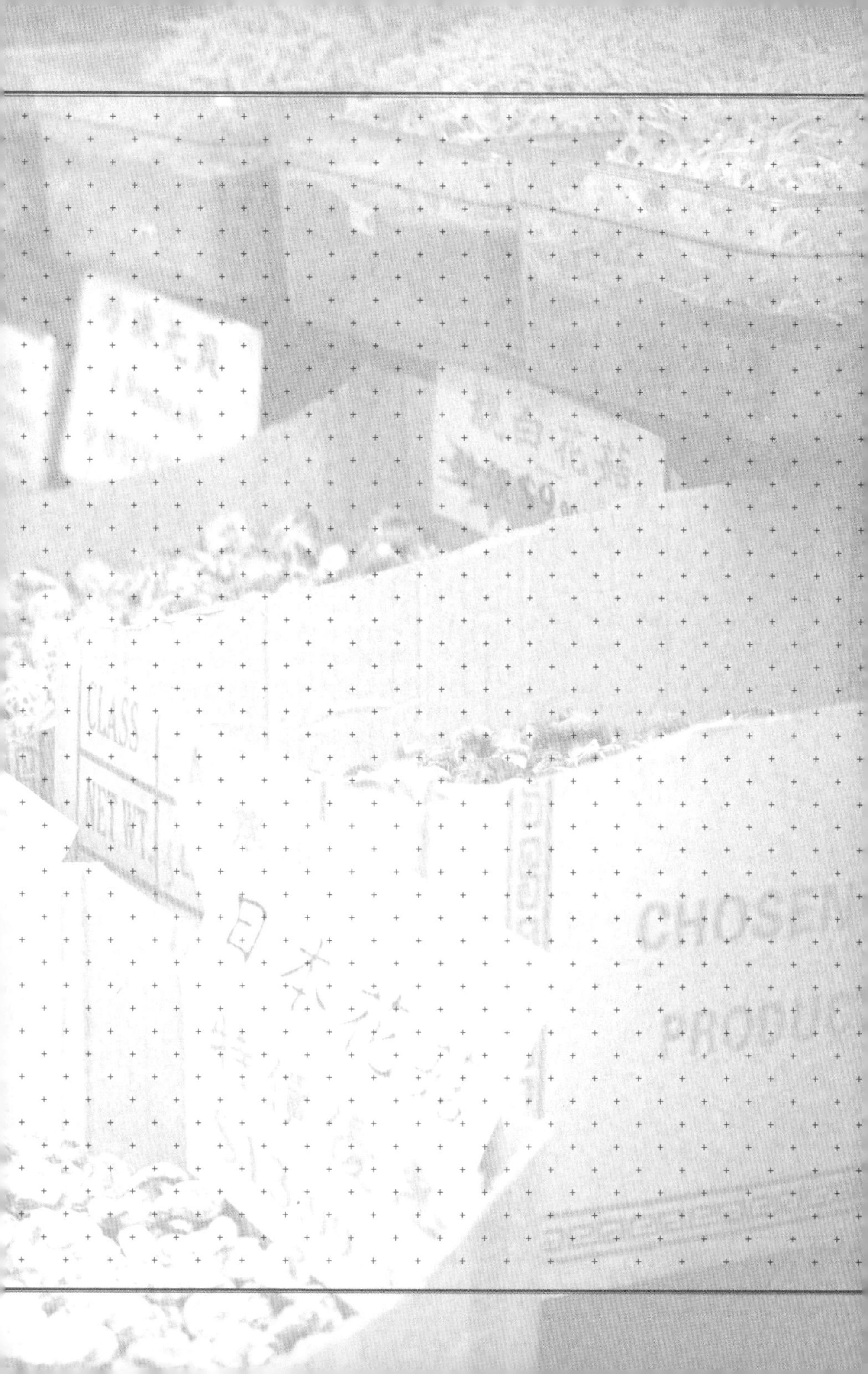
CLASS
NET WT.

A.S.A.
WATERPROOFING CORP
562-2047

»Der Gegner des neuen Glücks scheint mir das Festhalten am alten zu sein.«

Zitat aus »Glückskinder« von Hermann Scherer

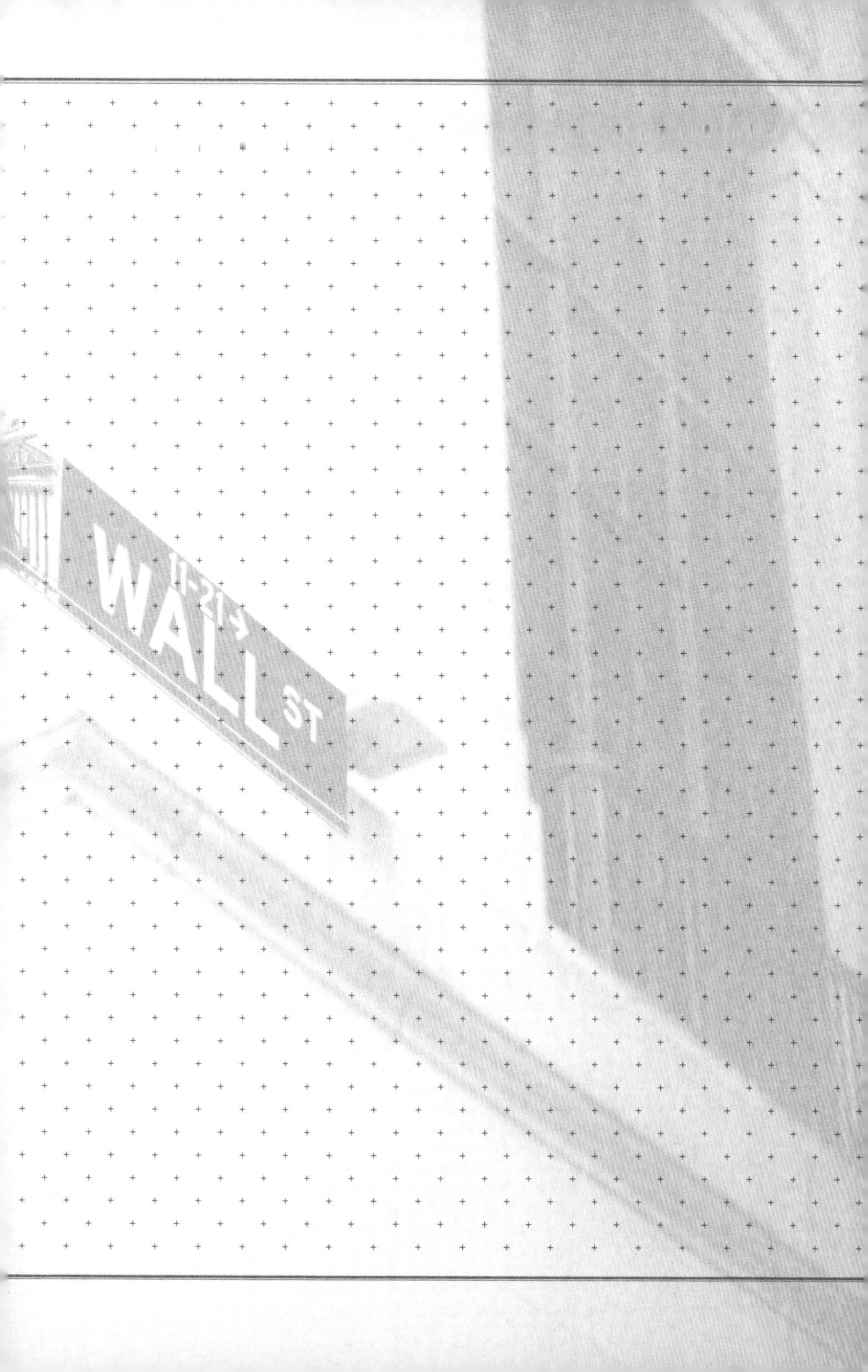
WALL ST

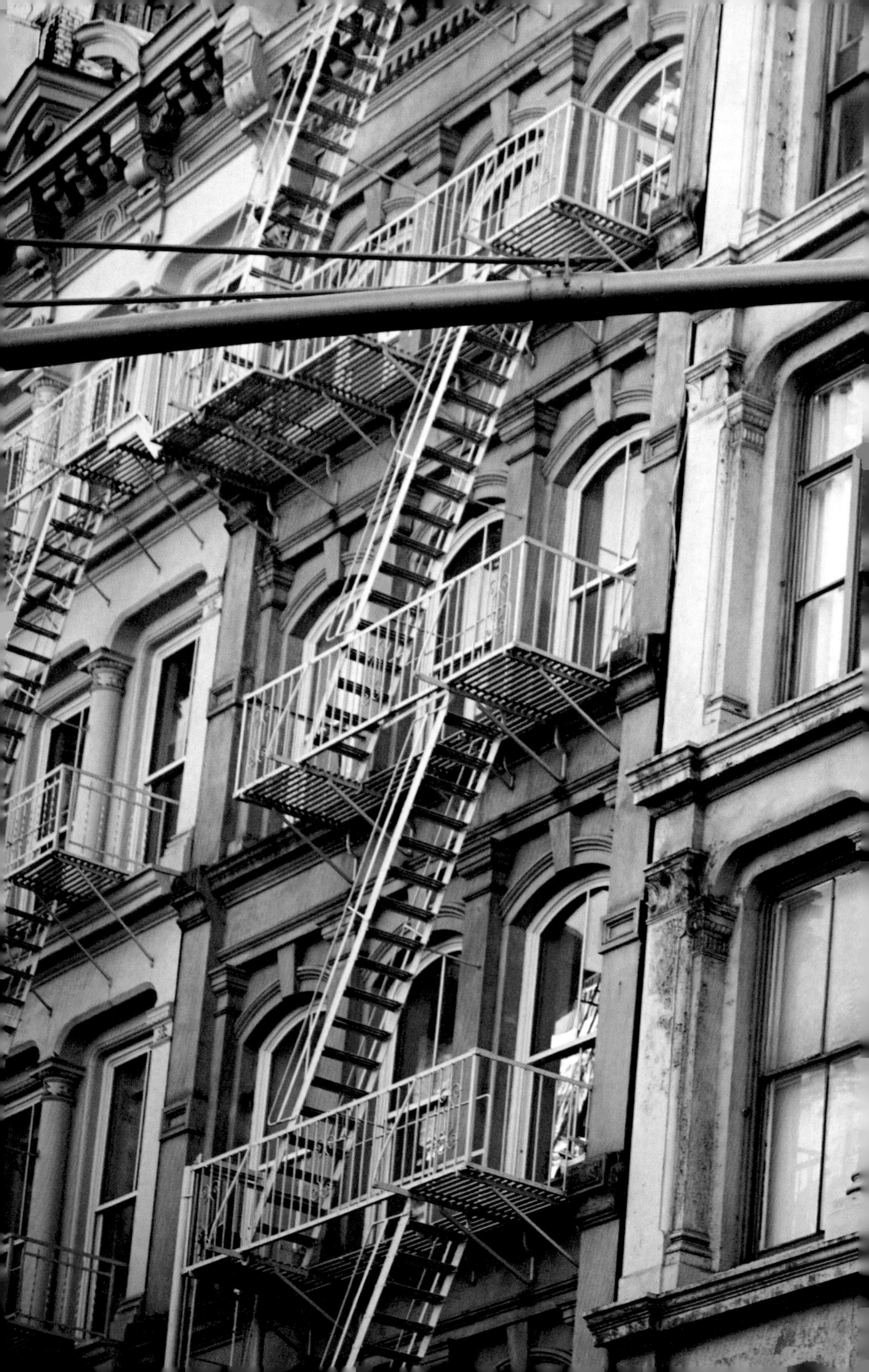

»Chancen pfeifen nämlich auf Regeln.«

Zitat aus »Glückskinder« von Hermann Scherer

»Im Versuch des *Unmöglichen* ist das Mögliche doch erst entstanden.«

Zitat aus »Glückskinder« von Hermann Scherer

»Sie haben das Beet vergrößert, ein weiteres angeleg

Darüber haben sie vergessen, was Blumen sind.«

Zitat aus »Glückskinder« von Hermann Scherer

»Mit zu großen Zielen bin ich garantiert erfolgreich – nicht unbedingt im Vergleich mit dem Ziel, aber im Vergleich mit dem Ausgangszustand.«

Zitat aus »Glückskinder« von Hermann Scherer

MIND MAP

»Nur wer sein Ziel kennt,
　　　findet den Weg
und wer es konkret be- und aufschreibt,
　wird es viel eher erreichen.«

Chinesischer Philosoph Laozi

Im täglichen (Arbeits-)Alltag stellen uns Situation immer wieder vor Aufgaben, die es zu bewältigen gilt oder die wir bewältigen wollen: Sei es der nächste Schritt auf der Karriereleiter, das Bestehen der nächsten Prüfung oder der Wunsch, mehr Zeit für sich zu finden. In der Regel setzen wir zum Erreichen dieser Ziele eine Auswahl an Techniken ein. Dies stellte der amerikanische Psychologe Martin E. P. Seligman im Rahmen seiner groß angelegten wissenschaftlichen Untersuchungen zur Motivationspsychologie fest. Im Mittelpunkt standen dabei **5.000 Teilnehmer aus der ganzen Welt,** die er beim Versuch, verschiedene Ziele und Erfolge zu erreichen, begleitete. Dazu gehören unter anderem der Erwerb einer neuen schulischen oder beruflichen Qualifikation, der Beginn einer neuen Beziehung und der Wunsch, abzunehmen oder mit dem Rauchen aufzuhören. Eine Gruppe wurde sechs Monate lang beobachtet, die andere ein ganzes Jahr.

Zu Beginn der Studie waren fast alle Teilnehmer überzeugt, das gesetzte Ziel zu erreichen. Doch am Ende der jeweiligen Untersuchungsperiode hatten es final nur **zehn Prozent der 5.000 Probanden** wirklich geschafft.

Um Aufschluss über die Motivation und Herangehensweise der Menschen zu definieren, bat Seligman alle Teilnehmer aufzuschreiben, mit welchen Techniken sie ihr Ziel hatten erreichen wollen. Heraus kamen dabei die **folgende zehn Punkte:**

1. Einen schrittweise strukturierten Plan aufstellen.

2. Mich selbst dadurch motivieren, dass ich meine Aufmerksamkeit auf eine Person konzentriere, die ich für ihre großen Leistungen bewundere; also ein typisches Vorbild haben.

3. Anderen Leuten von meinen Zielen erzählen.

4. An die schlimmen Dinge denken, die geschehen werden, wenn ich das Ziel nicht erreiche.

5. An die positiven Dinge denken, die geschehen werden, wenn ich mein Ziel erreiche.

6. Nutzlose Gedanken oder negative Gedanken unterdrücken.

7. Mich für die Fortschritte auf das Ziel hin belohnen.

8. Mich auf die Kraft meines Willens verlassen.

9. Meine Fortschritte aufzeigen, z. B. in einem Tagebuch oder Diagramm.

10. Darüber phantasieren, wie herrlich mein Leben sein wird, wenn das Ziel erreicht ist.

Auf den ersten Blick lassen sich einige dieser Techniken dem gesunden Menschenverstand zuordnen, andere klingen nach Anleitungen aus Selbsthilfebüchern und Trainingskursen. Alle aber erscheinen erst einmal erfolgversprechend. Doch final erhöht nur die Hälfte der hier aufgeführten Techniken wirklich unsere Chancen, das gesetzte Ziel zu erreichen; die anderen sind schlichtweg wirkungslos. Und so mussten die Teilnehmer aus Seligman's Studie, welche die **Techniken mit den geraden Ziffern** anwendeten, eine klare Niederlage hinnehmen. Denn nur, weil man beispielsweise ein gutes Vorbild hat und dies vielleicht auch noch als Motivation in Bildform auf die Kühlschranktür klebt, springt der Erfolg nicht automatisch über. Ebenso genügt es nicht, sich allein auf seine Willensstärke zu verlassen oder zwanghaft zu versuchen, negative Gedanken zu vermeiden. Auch sich selber unter Druck zu setzen, indem man sich negative Folgen bei Nichterreichen des Ziels ausmalt, bringt kein positives Ergebnis.

Fazit: Alle diese Techniken sind frappierende Beispiele für verschiedene Motivationsmythen, die uns daran hintern, Kontrolle über unser Leben zu übernehmen.

Setzt man hingegen auf die **fünf Punkte mit den ungeraden Ziffern,** sieht der Blick in die Zukunft schon viel besser aus. Denn jeder erhöht deutlich die Wahrscheinlichkeit, ein positives Ergebnis zu erzielen – und das studienmäßig belegt. Schauen wir uns diese im Detail an:

Alle erfolgreichen Teilnehmer hatten einen **konkreten Plan.** Im besten Fall hielten sie diesen sogar schriftlich fest und gliederten ihr Gesamtziel in verschiedene Unterziele oder Etappen und erzeugten so einen schrittweise durchführbaren Prozess. Dieser half dabei, die

Angst und das damit einhergehende Zögern zu überwinden, die eine große Veränderung mit sich bringen.

Sicher ist es nicht einfach, etwas plötzlich ganz anders oder überhaupt zu machen. Wer aber diesen großen Schritt in viele kleine aufteilt, erreicht auch das Ziel und das meistens sogar gestärkt, da er auf dem Weg dorthin bereits Erfolge verbuchen konnte. Besonders vielversprechend ist dieser Plan übrigens, wenn Ihre Etappenziele konkret messbar an eine bestimmte Zeit gebunden sind.

Dafür zwei Beispiele:

1. Teilnehmer, die einen neuen Job suchten, setzten sich zum Ziel, in den ersten Wochen ihren Lebenslauf zu schreiben und alle Unterlagen bereitzulegen. Danach planten sie, im kommenden halben Jahr alle zwei Wochen eine Bewerbung herauszuschicken.

2. Teilnehmer, die ihr Leben mehr genießen wollten, reservierten sich ab sofort zwei Abende in der Woche, an denen sie sich mit Freunden trafen oder etwas für sich taten. Dazu wollten sie mindestens einmal im Jahr ein neues Land sehen.

Die zweite Technik beruht auf der **Unterstützung und den positiven Einflüssen von außen.** Erfolgreiche Teilnehmer hatten bereits in der Anfangsphase ihren Freunden, Kollegen und Familien von den Vorsätzen berichtet. Zwar lindert das Schweigen über die Ziele die Angst vor dem Versagen, dennoch lassen sich viel eher Erfolge verbuchen, wenn man offen über die angestrebten Veränderungen spricht. Nicht zuletzt sind viele (Internt-)Foren und Gemeinschaften daher so erfolgreich, weil man dort Zuspruch und Motivation erfährt.

Die Technik, sich die **positiven Effekte und Vorteile** vor Augen zu rufen, die das Erreichen des Ziels automatisch mit sich bringen, darf nicht mit Selbstbetrug gleichgesetzt werden.

Es geht nicht darum, sich sein Leben in bunten und schillernden Farben auszumalen und dabei vollkommen die Realität zu vergessen. Vielmehr hatten die Teilnehmer eine Art objektive Checkliste erstellt, in der sie konkret festhielten, inwiefern sich ihr Leben und in welchen Punkten / Situationen verbessern würde.

Wer sich dagegen auf die negativen Folgen konzentrierte, die ein Nichterreichen mit sich bringen würde, nahm sich selber Mut und Motivation – denn warum mit etwas beginnen, wenn es eh zu nichts oder vielleicht sogar zu einer Verschlechterung im Leben führt!?

Auch dazu ein Beispiel aus Seligman's Studie: Die erfolgreichen Teilnehmer machten im Hinblick auf eine Gewichtsabnahme Bemerkungen darüber oder hielten diese auch schriftlich fest, wie gut sie sich mit ein paar Kilos weniger fühlen und wie toll sie aussehen würden. Die negativ Eingestellten dagegen beschrieben in aller Ausführlichkeit, wie mangelndes Abnehmen sich in einem dauerhaften Unglücklichsein über ihre Erscheinung konkretisiere.

Menschen wollen gelobt werden und freuen sich über Anerkennung – darauf fußt die vierte Technik. Daher darf auch der Punkt der Belohnung beim Erreichen eines Ziels nicht vergessen werden. So sorgten alle erfolgreichen Teilnehmer dafür, dass die festgehaltenen Etappenziele nicht nur terminiert, sondern auch stets mit einer Belohnung verknüpft waren. Das waren in der Regel Kleinigkeiten, die nicht mit dem Gesamtziel einhergehen mussten, aber zu einem

Glücksmoment im Leben der Probanden führte. Dieser wiederum motivierte zum Weitermachen und Durchhalten.

Final stellte Seligman und sein Team fest, dass alle Teilnehmer, die ihre **Ziele, Pläne, positiven Aussichten und auch Belohnungen schriftlich festhielten, die größte Chance auf Erfolg hatten.** Viele führten dazu ein handgeschriebenes Tagebuch, andere nutzten ihren Computer und ein paar beklebten ihren Kühlschrank mit Post-it-Zetteln. Wie beim „Expressiven Schreiben", das oftmals beim Verarbeiten von Traumata und negativen Erlebnissen zum Einsatz kommt und das psychische und physische Wohlbefinden fördert, unterstützt auch beim Erreichen von Zielen die sprachliche Verknüpfung von Fakten und Gefühlen ein positives Ergebnis. Also, viel Spaß und Erfolg beim Schreiben!

«Dabei glaube ich eher, dass das Leben uns bestraft, weil wir aus ihm nichts machen!»

Zitat aus »Glückskinder« von Hermann Scherer

FIFTH AVENUE

»An Problemen wachsen wir – aber nur, wenn wir sie lösen.«

Zitat aus »Glückskinder« von Hermann Scherer

»Wer jeden Tag sein Bestes gibt, braucht sich um die Zukunft keine Sorgen machen.«

Zitat aus »Glückskinder« von Hermann Scherer

2010
TOSHIBA
TOSHIBA

»Kann man *unzufrieden glücklich* sein?«

Zitat aus »Glückskinder« von Hermann Scherer

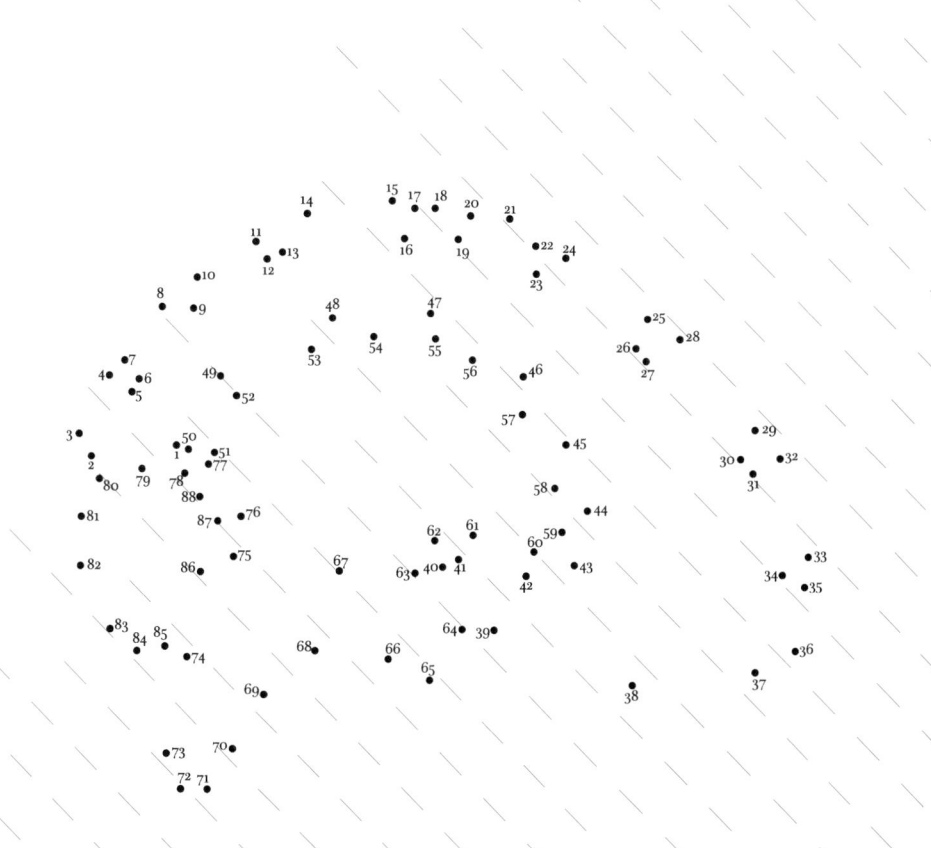

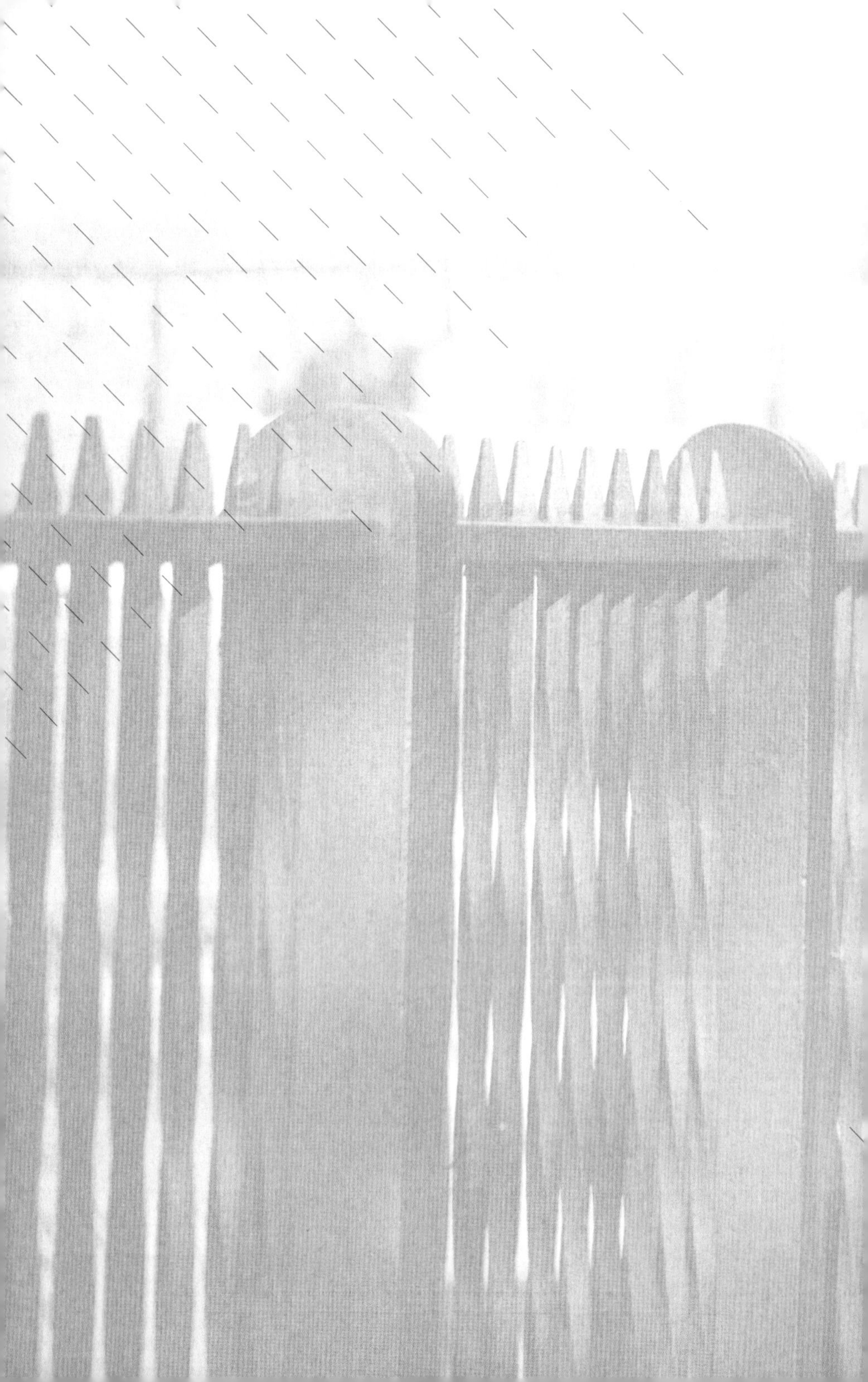

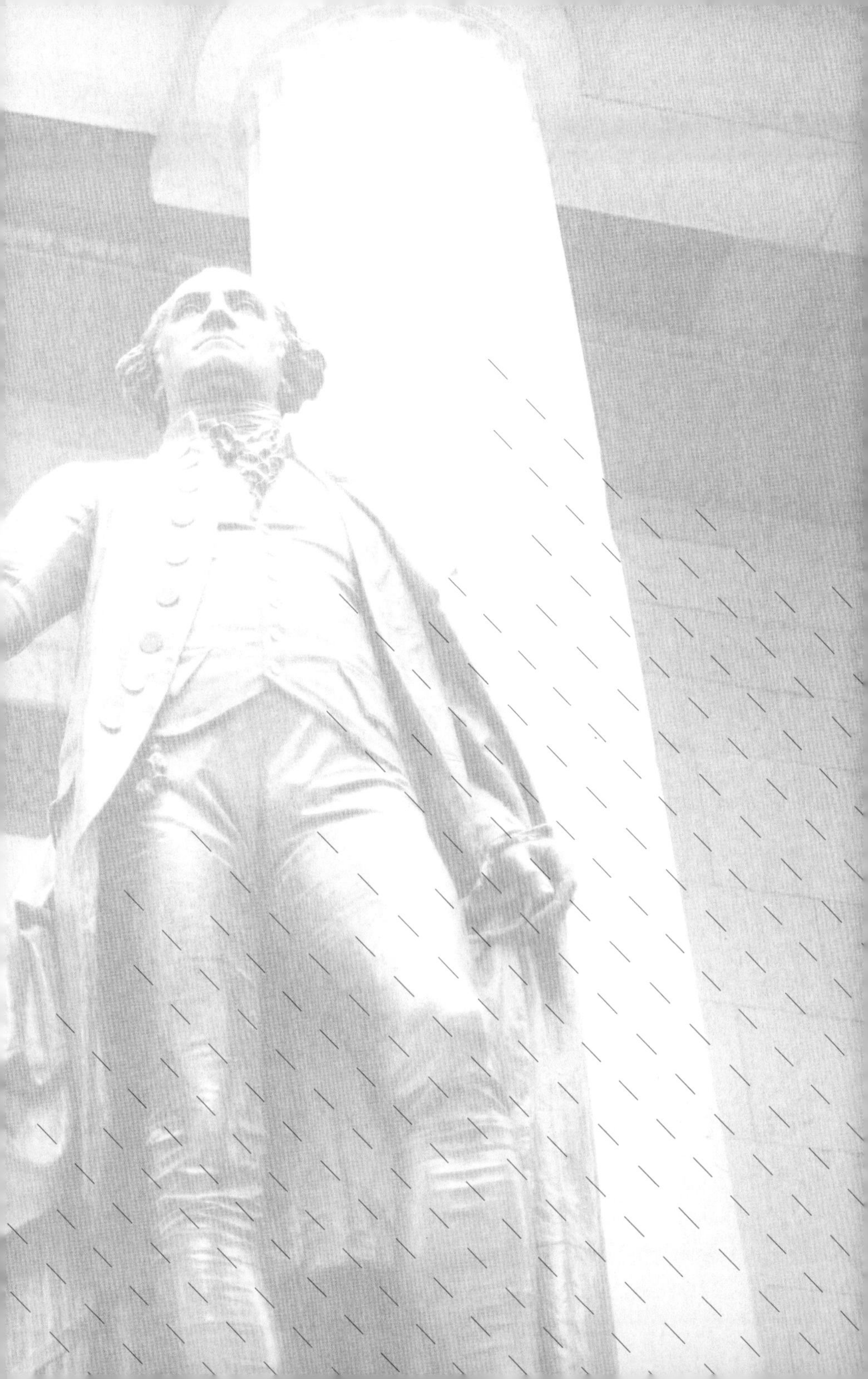

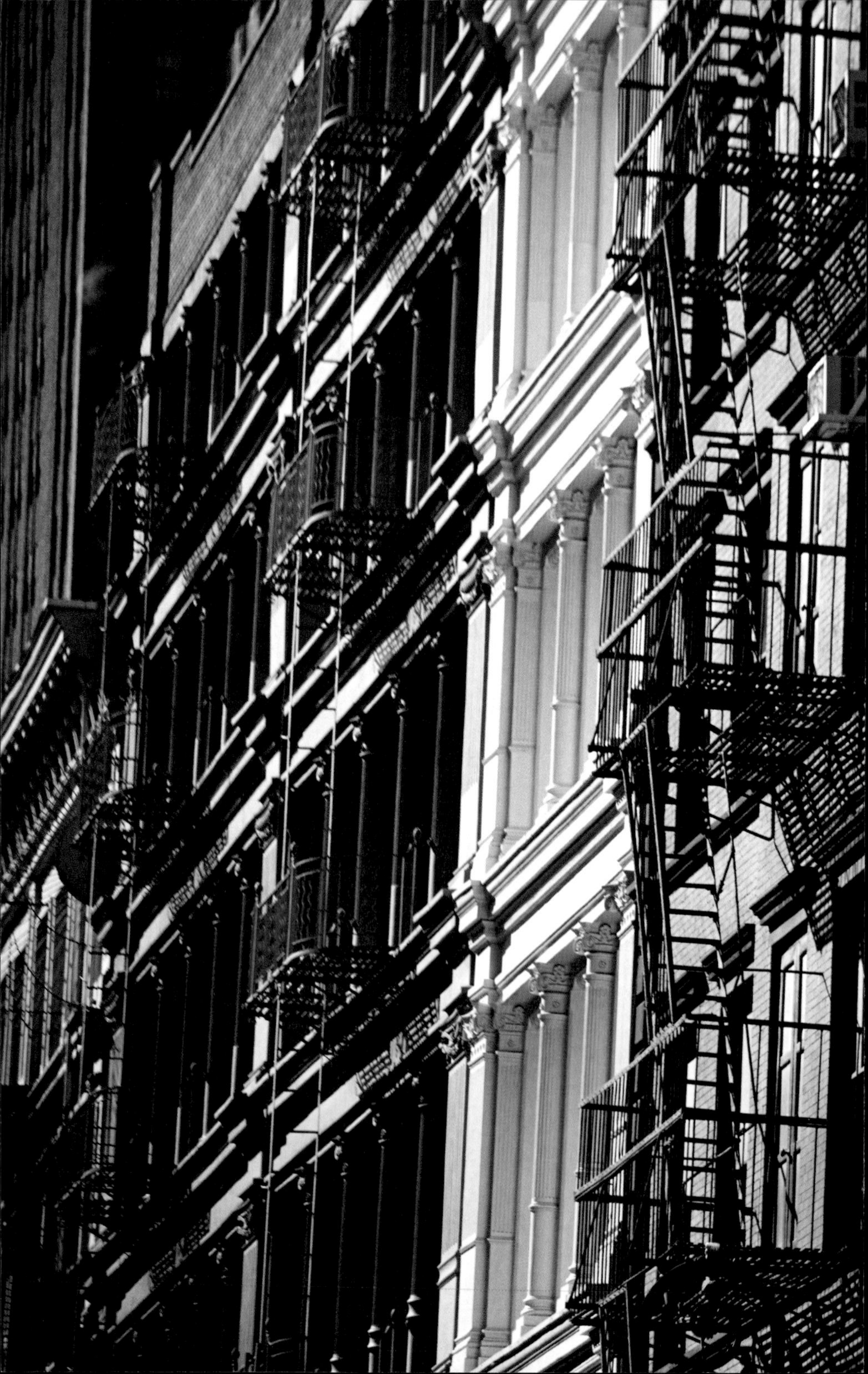

»Geld tötet Kreativität.«

Zitat aus »Glückskinder« von Hermann Scherer

»Ein handfestes *Problem* ist immer ein guter Anfang.«

Zitat aus »Glückskinder« von Hermann Scherer

SU

»*Kompromisse* sind ein aufgedrehter Wasserhahn, der vergessen wurde zu schließen, während wir den Boden aufwischen.«

Zitat aus »Glückskinder« von Hermann Scherer

MIND MAP

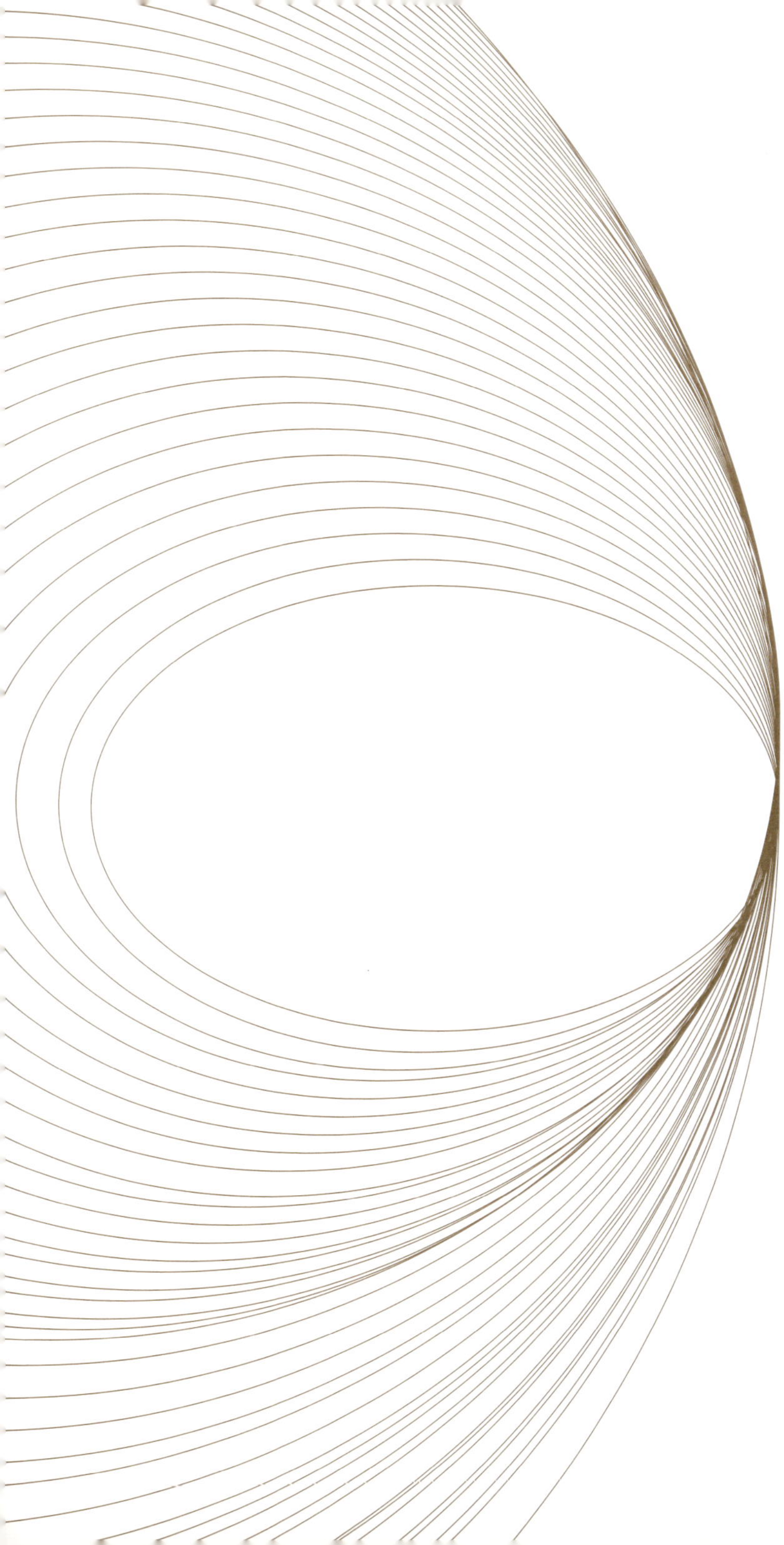

»Wo ist der Wertschöpfungsanspruch an die Zeit?«

Zitat aus »Glückskinder« von Hermann Scherer

»Ein schlechtes Ereignis,
das *sofort*
erbracht wird,
ist ein gutes Ergebnis.«

Zitat aus »Glückskinder« von Hermann Scherer

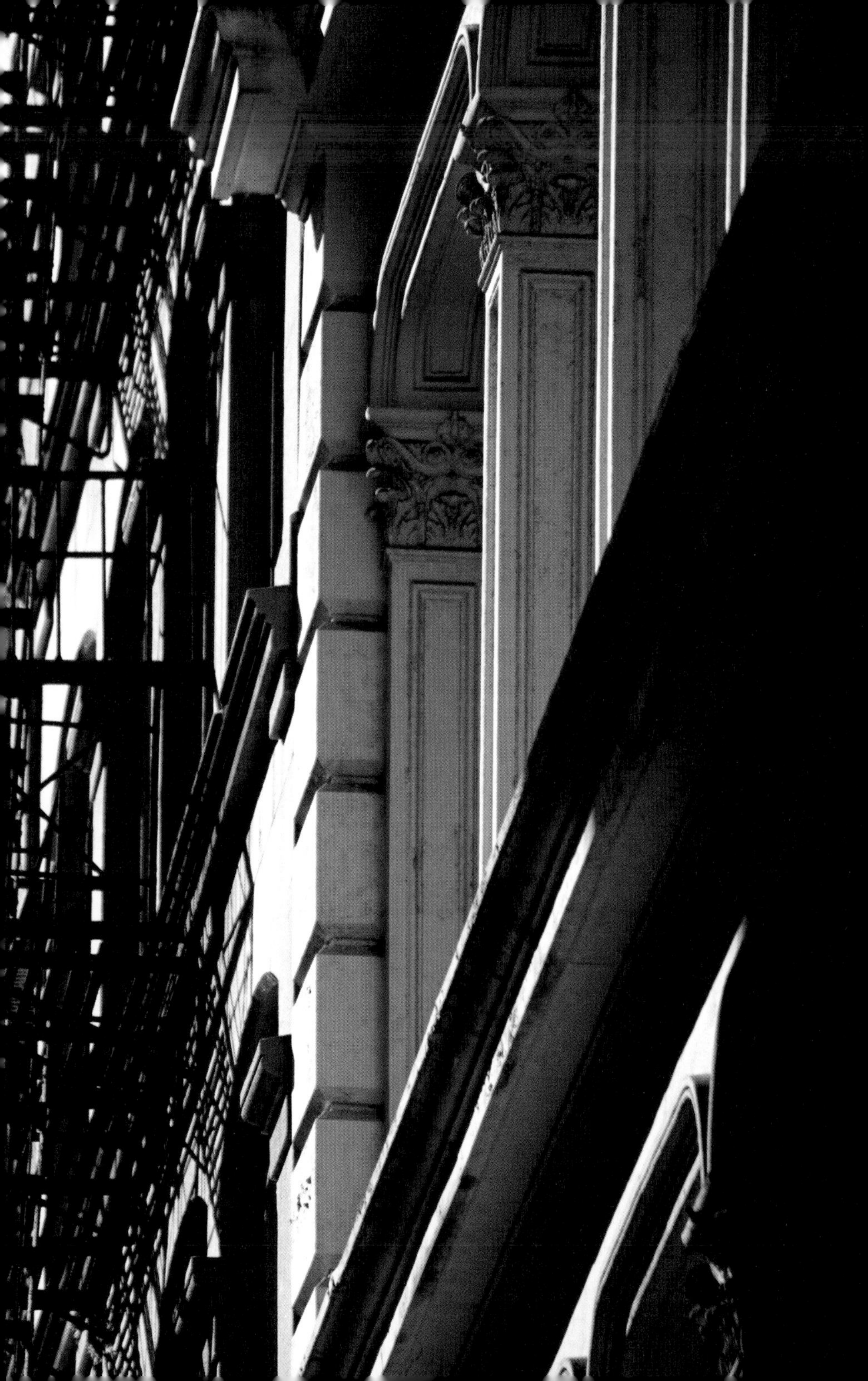

MIND MAP

»Wir hören oft auf nachzudenken, wenn wir glauben, es verstanden zu haben.«

Zitat aus »Glückskinder« von Hermann Scherer

DANKE SAGEN

EINZIGARTIGE ZEITEN

PHANTASTISCHE ZUKUNFT

LIEBE/R ...

RÜCKSCHAU HALTEN

»Dass ich mir selbst widerspreche ist erstens normal und zweitens sinnvoll.«

Zitat aus »Glückskinder« von Hermann Scherer

»Wer wollen Sie in Ihrem Leben sein?«

Zitat aus »Glückskinder« von Hermann Scherer

»Egal, was wir denken, wir haben immer Recht«

Zitat aus »Glückskinder« von Hermann Scherer

»Für mich hat der,
dem die Welt zu komplex ist,
einfach seinen Fokus
noch nicht scharf genug eingestellt.«

Zitat aus »Glückskinder« von Hermann Scherer

»Eine Vision ist einfach *ein Luftschloss* mit Handlungsauftrag.«

Zitat aus »Glückskinder« von Hermann Scherer

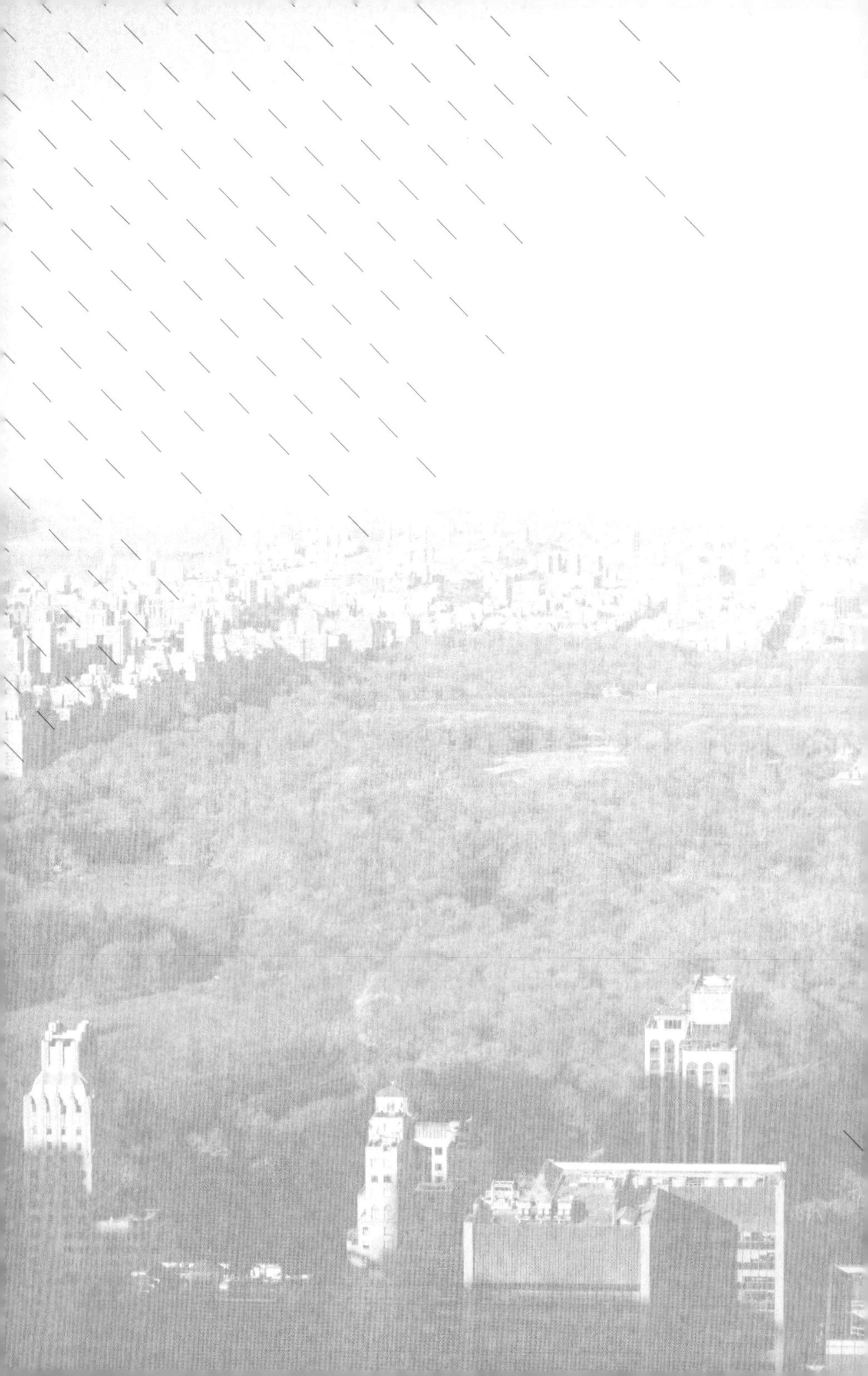

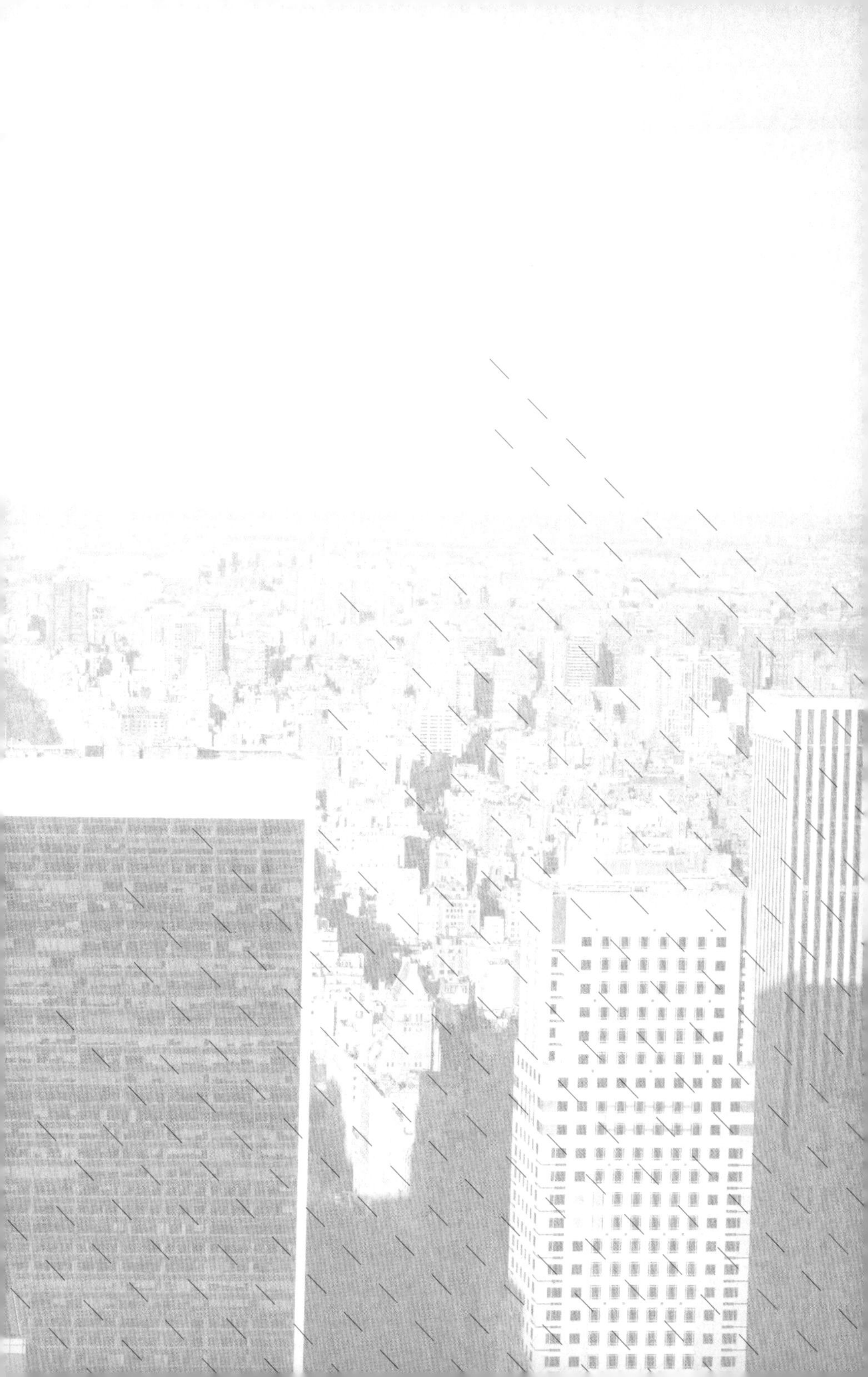

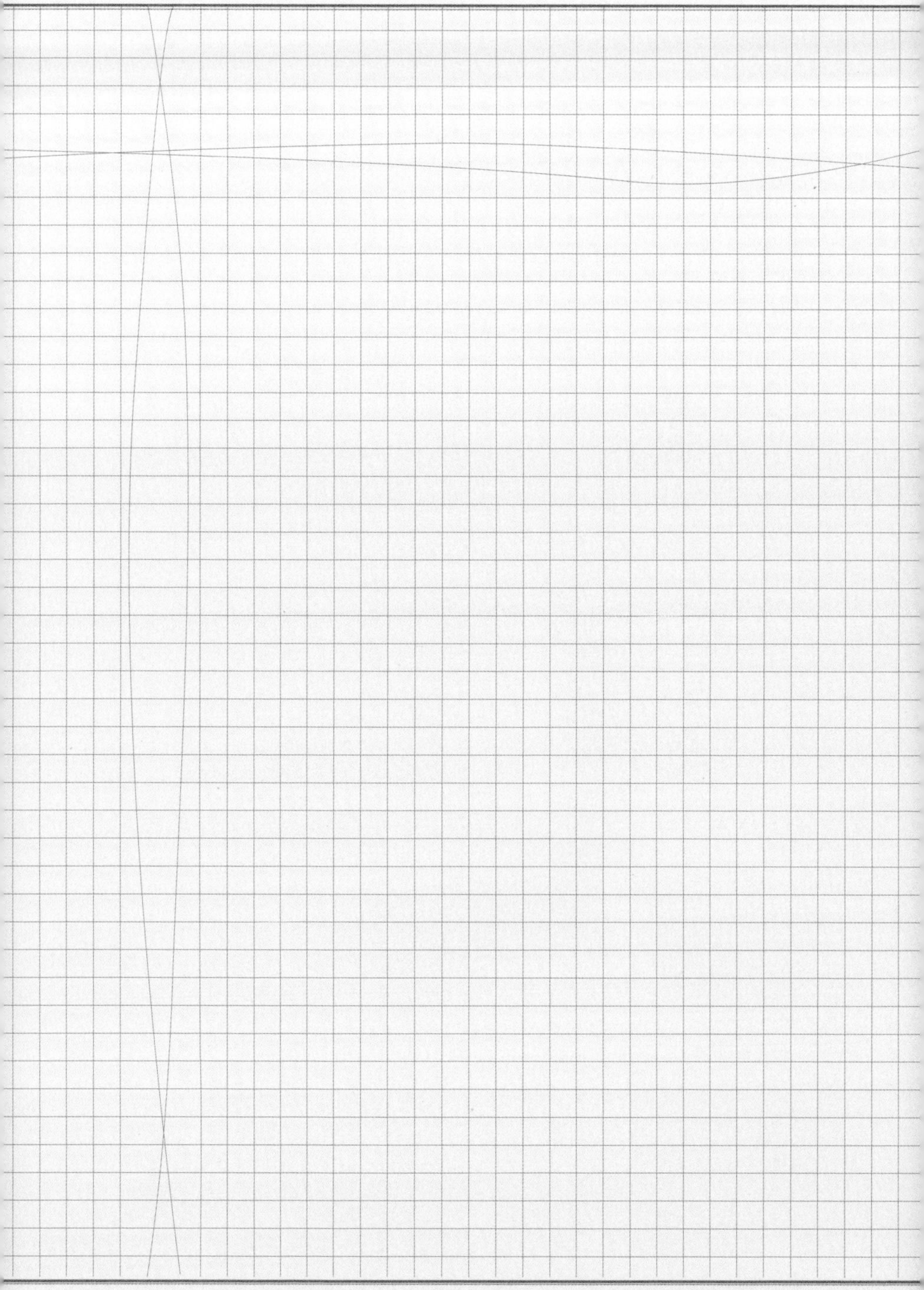

»Luftschlösser sind also die ersten Schritte zur Vision. Aber nur die ersten.«

Zitat aus »Glückskinder« von Hermann Scherer

»Für das

Glück

»*sind schmerzhafte Schnitte nötig.*«

Zitat aus »Glückskinder« von Hermann Scherer

Impressum

Autoren   Hermann Scherer, Yvonn Rebling
Gestaltung   Verena Lorenz, München, www.verena-lorenz.de
Druck   Salzland Druck GmbH & Co. KG, Staßfurt

Bilder:
Imagesource
Photocase

1. Auflage 2012
ISBN 978-3-86936-468-1

Alle Rechte, auch die des auszugsweisen Nachdrucks, der fotomechanischen Wiedergabe (einschließlich Mikrokopie), Übersetzung sowie der Auswertung durch Datenbanken oder ähnliche Einrichtungen vorbehalten.

Alle Informationen wurden mit größter Sorgfalt erarbeitet. Eine Garantie für die Richtigkeit kann nicht gegeben werden. Zudem kann für eventuelle Nachteile oder Schäden, die aus im Buch gegebenen Hinweisen resultieren, keine Haftung übernommen werden.